Miniature~Pan

樹脂粘土でつくる
かわいいミニチュアパン

関口真優

はじめに

「ミニチュアパン」とは、樹脂粘土で作る小さなパンのこと。
樹脂粘土にベーキングパウダーを混ぜて、電子レンジで加熱することで、
まるで本物のようなふっくらとしたおいしそうなパンができあがります。

本書ははじめての方でも作れるように、
ミニチュアパンの作り方をひとつひとつ写真で丁寧に解説しました。

食パンやクロワッサンなどカットできるタイプは、
フレンチトーストやサンドイッチにしたりとアレンジも楽しめます。
トッピングに使える野菜やフルーツの作り方も紹介しているので、
パンといっしょにぜひ手作りしてみてください。

できあがったら、そのまま飾るだけでなく、アクセサリー金具をつければ、
バッグチャームやブローチなどの好きなアクセサリーに加工できます。
メロンパンやシナモンロール、フルーツデニッシュやフランスパンなど、
いろいろな形のパンは見ているだけでワクワクして楽しくなります。

本書をきっかけにミニチュアパンを多くの人に知っていただき、
楽しんで作ってもらえたらうれしいです。

関口真優

contents

　　はじめに　　　　　　　　　　　… 2
　　introduction　ミニチュアパン作りのポイント　… 6
　　ミニチュアパンの材料　　　　　　… 7
　　使用する道具　　　　　　　　　　… 8

定番のおかずパン・おやつパン

　1　基本の作り方　丸パン　… 12
　2　メロンパン　　　　　　… 18
　3　シュガーツイスト　　　… 20
　4　シナモンロール　　　　… 22
　5　ベーグル　　　　　　　… 26
　6　ウィンナーロール　　　… 28
　7　チーズパン　　　　　　… 30
　8　フルーツデニッシュ　　… 32

カットできるパン

　1　食パン　　　　　　　　… 40
　2　フレンチトースト　　　… 43
　3　サンドイッチ　　　　　… 46
　4　クリームパン　　　　　… 50
　5　ショコラマーブル　　　… 52
　6　フランスパン　　　　　… 54
　7　ちぎりパン　　　　　　… 57
　8　クロワッサン　　　　　… 60
　9　クロワッサンサンド　　… 63
　10　イングリッシュマフィン　… 64

PART 3

アクセサリーにアレンジ

1　バッグチャーム　　　　　　　… 70
2　マグネット　　　　　　　　　… 71
3　ストラップ＆イヤホンジャック　… 72
4　ブローチ　　　　　　　　　　… 73
　アクセサリー作りの材料と道具　… 74
　アクセサリーの作り方　　　　　… 76

column
トッピングパーツの作り方

アーモンド　　　　　… 25
ゴマ　　　　　　　　… 27
プレート　　　　　　… 35
いちご　　　　　　　… 36
ブルーベリー / ミント　… 37
チーズ / バター　　　… 45
ウィンナー / ハム　　… 48
ベーコン　　　　　　… 49
レタス　　　　　　　… 66
きゅうり / トマト　　… 67

pick up
トッピングに便利なソース＆クリーム　… 38
パンをかわいく飾るミニチュア小物　　… 68

introduction

ミニチュアパン作りのポイント

ベーキングパウダーを混ぜる

point 1

ベーキングパウダーはパンやお菓子をふくらませる膨張剤。ミニチュアパンの材料の樹脂粘土に、ベーキングパウダーを少量混ぜるのがポイントです。電子レンジで加熱すると粘土がふっくらとふくらみ、本物のパンのようなリアルな質感に仕上がります。

粘土を電子レンジで加熱する

point 2

成形したら500Wの電子レンジで20秒〜1分ほど加熱します。樹脂粘土は通常、1日以上自然乾燥させてかためますが、加熱することで生地がふくらむと同時に粘土に含まれる水分が蒸発するため、自然乾燥の時間が省けて、短時間で作ることができます。

アクリル絵具で焼き色をつける

point 3

パンの焼き色をつけるのは仕上がりを左右する大切な工程。アクリル絵具で薄い色から順に重ね塗りをします。ムラができるようにラフに塗るのがコツ。最初は微妙なニュアンスを出すのが難しいかもしれませんが、慣れてくれば徐々に感覚がつかめるでしょう。

ミニチュアパンの材料

ミニチュアパン作り必要な材料を紹介します。
基本のもの以外は、作りたいアイテムに合わせて選びましょう。

基本の材料

樹脂粘土

本書で紹介した作品はすべて**モデナ（パジコ）**を使用。キメが細かく透明感があり、乾燥後は耐水性になる。

ベーキングパウダー

パンやお菓子作りに使われる膨張剤。樹脂粘土に混ぜて電子レンジで加熱することでふくらませる。

アクリル絵具

樹脂粘土の着色やパンの焼き色をつけるときに。本書では**リキテックス**のソフトタイプを使用（p.13）。

あると便利な材料

カラー粘土

粘土を濃い色に着色するときはカラー粘土を混ぜる。本書は発色のよい樹脂風粘土 **グレイスカラー（日清アソシエイツ）**を使用。

接着剤

トッピングやアクセサリー金具の接着に。ラインストーン用の水性形接着剤の**デコプリンセス（コニシ）**は液状で塗りやすくておすすめ。

ニス
（つやあり・つやなし）

仕上げに塗ると強度が増し、質感も出る。**つや出しニス・つや消しニス(タミヤ)**や、**水性アクリルニス ウルトラバーニッシュ（パジコ）**がおすすめ。

ベビーパウダー

粉砂糖を表現するときにあると便利。使用するときは楊枝にのせて上から楊枝をたたき、少量ずつまぶす。

★その他に砂糖のトッピング（p.17）、ソースやクリーム（p.38）など、市販のトッピング素材もいろいろそろえておくと便利です。

使用する道具

ミニチュアパン作りに使用する道具を紹介します。
特別な道具は使わず、どれも身近にあるものばかりです。

基本の道具

カラースケール（パジコ）

いろいろな大きさのくぼみに粘土を詰めて計量する道具。本書では粘土とベーキングパウダーの計量に使用（p.13）。

電子レンジ

粘土の加熱に。温め機能がある一般的なものでよい。本書では回転皿付きのタイプを使用。
※フラットタイプの場合は様子をみながら加熱する。

クリアファイル

汚れないように作業台として下に敷く。粘土がくっつきにくくて使い勝手がよい。

カッター・デザインナイフ・はさみ

粘土などを切るときに使用。カッターは刃の両側を持って上から押すようにして切る。デザインナイフは細かい部分に便利。

粘土ヘラ

粘土に筋を入れたり、模様を描いたりするときに使う。メーカーによりいろいろな形がある。本書では、**ねんどベラ3本セット（パジコ）** を使用。

歯ブラシ

パンの質感を出すときに使用。粘土に押しあてて凹凸を作る。毛先はかためがよい。

あると便利な道具

耳かき

ベーキングパウダーやベビーパウダーなどの粉類を少量すくうときに使用。

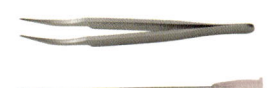

ピンセット・コスメ用注射器

ピンセットは細かいものをつかんだり、形をととのえるときに使用。コスメ用注射器はいちご（p.36）の種を描くときに使用。

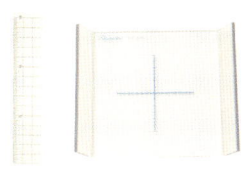
定規・プレス器
粘土をつぶすときに。定規は大きさを測るときにも使うので透明なものがよい。本書ではミニプレス（日清アソシエイツ）を使用。

オーブンシート
粘土のくっつきを防ぐために、電子レンジで加熱するときに下に敷いたり、プレス器などでつぶすときに間にはさむ。

筆
パンの焼き色をつけるときに使用。穂先の幅がある平筆が塗りやすい。

ラップ・メモ用紙
上にアクリル絵具を出してパレット代わりに使用。使い捨てできるので便利。

楊枝
アクリル絵具やトッピング素材を少量ずつつけるとき、形をととのえるときに使用。

スポンジ
完成したパンをのせて乾燥させる。スポンジは通気性がよいので底もしっかり乾く。

カップ・小皿
カップは着色のときの水入れとして使用。使い捨てできる薬味皿は少量のソースなどを作るときに便利。

耐熱容器・シリコンカップ
食パン（p.40）やショコラマーブル（p.52）を作るときに使用。粘土を耐熱容器に入れて形が崩れないようにシリコンカップで隙間を埋める。

アルミホイル
レタス（p.66）の型を作るときに使用。くしゃくしゃに丸めたものを押しあてて表面に凹凸を作る。

◎ 作りはじめる前に

・加熱時間は回転皿付きタイプの500Wの電子レンジで加熱したときの時間を表示
  しています。機種やメーカーにより異なるので、様子をみながら調整してください。
・本書では粘土とベーキングパウダーの計量にカラースケールを使用します。
  正確に分量を量るために必ず用意しましょう。特別に記載がない場合、各レシピの
  粘土やベーキングパウダーはすべて1個分の分量です（トッピングは作りやすい分量）。

〈粘土の保存について〉

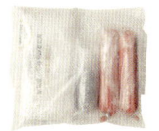 使いかけの粘土は、乾燥しないようにラップで開け口をしっかりと包み、保存袋に入れて密閉すれば3か月くらいもちます。

 袋から出した粘土も同様にラップで包み、保存袋に入れておけば翌日までもちます。

PART 1
Standard

定番のおかずパン・おやつパン

丸パンやメロンパン、シナモンロールやフルーツデニッシュなど、
パン屋さんで見かける定番のパンを集めました。
シンプルなものから少し手が込んだものまで、ひとつひとつ個性があります。
好きなアイテムを選んで作ってみてください。

Lesson
基本の作り方　　まずは一番シンプルな丸パンで基本の作り方を紹介します。

1
Maru-pan

丸パン

見ているだけでうれしくなる、素朴でかわいい丸パン。
成形するときにきれいに丸めず、
少しいびつな形にするのがポイントです。

- 材料
モデナ
ベーキングパウダー
トッピングの達人〈粉砂糖〉(p.17)

- 着色・焼き色
リキテックス アクリル絵具
〈イエローオキサイド〉
〈ローシェンナ〉

- できあがりサイズ
直径約2cm

- 加熱時間
20秒

Step 1 計量

▶ 粘土とベーキングパウダーをカラースケールで計量します。

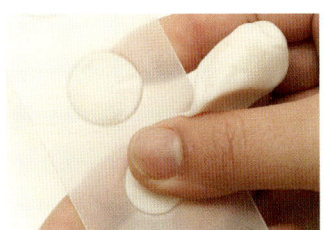
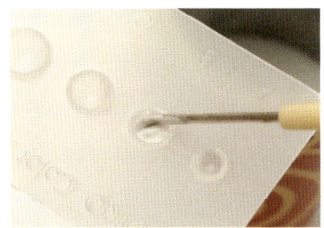

1 モデナを袋から取り出し、カラースケール（HとG）に詰める。はみ出た分は指先ですりきる。

2 ベーキングパウダーは耳かきですくい、カラースケール（B）の中に入れて計量する。

---

point 計量はカラースケールを使う

カラースケールのくぼみの大きさはA～Iまであります。
上までぴったり入れて量りましょう。

※くぼみの大きさの目安（直径）：A = 4mm、B = 5mm、C = 6mm、D = 7mm、
E = 8mm、F = 1cm、G = 1.3cm、H = 1.5cm、I = 2cm

アクリル絵具について

本書の作品はリキテックスのアクリル絵具（ソフトタイプ）を使用しています。別の絵具を使うと、仕上がりの色が変わってくるのでご注意ください。本書で粘土の着色とパンの焼き色に使用しているのは、主に以下の5色です。

〈主な使用色〉
1 イエローオキサイド
2 トランスペアレントローシェンナ
3 トランスペアレントバーントシェンナ
4 トランスペアレントバーントアンバー
5 ローシェンナ

Step 2 着色・混ぜる

▶粘土を絵具で着色してベーキングパウダーを混ぜます。

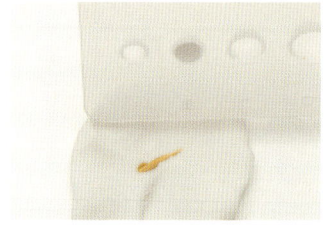

1 計量した粘土を広げ、楊枝でアクリル絵具〈イエローオキサイド〉を少量のせ、計量したベーキングパウダーものせる。

2 粉がこぼれないように、絵具を包み込むようにしてよく混ぜ合わせる（粘土をのばしてたたむようにするとよい）。

3 着色したもの。
◎あとで焼き色をつけるので、薄い黄土色になればOK。粘土は乾燥すると色が濃くなるので、薄めに仕上げておく。

point 絵具は少量ずつ混ぜる

絵具は楊枝に少量のせ、様子をみながら少しずつ加えます。絵具の量が多くなると絵具の水分で粘土が水っぽくなることがあるため、濃い色を作る場合はカラー粘土で着色するのがおすすめ（下記）。

カラー粘土で着色する方法

カラー粘土で着色する場合は、カラースケールで計量した2色の粘土を混ぜ合わせます。

1 カラースケールでカラー粘土を計量する。

2 計量した2色の粘土を貼り合わせる。

3 全体に色がつくまでよく混ぜ合わせる。

Step 3 成形・加熱

▶ パンを成形し、電子レンジで温めてふくらませます。

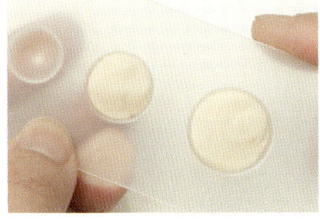

1 着色した粘土玉をカラースケール（**H**と**G**）に詰めて2つに分ける。

2 適当に丸め（きれいな丸にしない）、2つの丸玉を並べてくっつける。

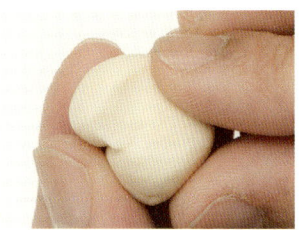

3 裏返して2つの丸玉の境目を指先でのばし、貼り合わせる。

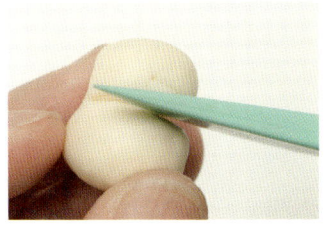

4 表にして2つの丸玉の境目に粘土ヘラで筋を入れ、形をととのえる。
◎電子レンジで温めると、ふくらんで筋がなくなってしまうので、ここでしっかり筋を入れておく。

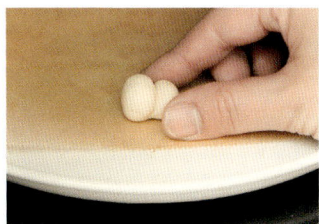

5 500Wの電子レンジに入れて20秒ほど温める。
◎粘土がくっつかないようにオーブンシートを敷いておく。

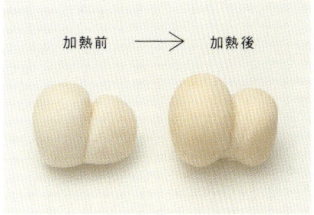

6 温めて粘土がふくらんだところ。粗熱が取れるまでしばらくおく。

---

point　模様は強めにつける

筋などの模様を入れるときは強めにつけておきます。加熱して粘土がふくらむとなくなってしまうことがあるので、その場合は再度、形をととのえましょう。

Step 4 焼き色

▶アクリル絵具で表面に焼き色をつけていきます。

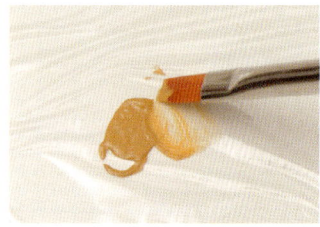

1 アクリル絵具〈イエローオキサイド〉をラップ（またはメモ用紙）の上に出し、水を含ませた筆で絵具を溶く。

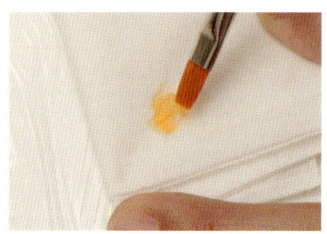

2 ティッシュで筆の絵具をふきとり、少量つけた状態にする。
◎筆の水分はふきとり、少量の絵具でかすれるくらいにしておくと質感が出る。

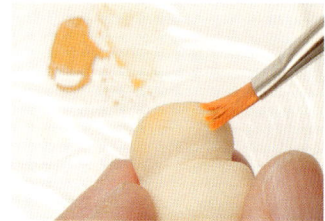

3 粘土の表面を筆でたたくようにして、焼き色をつける。

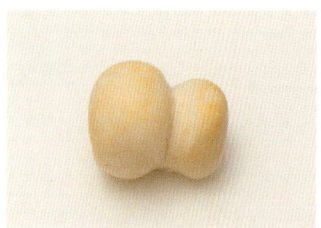

4 焼き色をつけたところ。
◎くぼみには塗らずに表面に焼き色をつける。きれいに塗らずにラフに筆を動かすとよい。

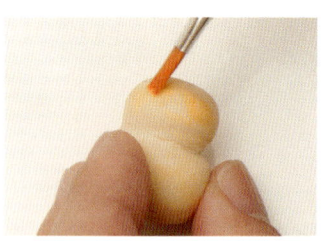

5 アクリル絵具〈ローシェンナ〉で、さらに重ね塗りをする。
◎色をつけたところをたたくようにして重ね塗りをする。

6 焼き色の完成。

---

point **焼き色は重ね塗りをする**

アクリル絵具を2〜4色使い、薄い色から順に重ね塗りをしてパンの焼き色を表現します。きれいに塗らずに筆をランダムに動かし、色ムラを作るのがポイントです。

Step 5 仕上げ

▶最後にトッピングをして仕上げます。

1 トッピングの達人〈粉砂糖〉を楊枝ですくってのせる。

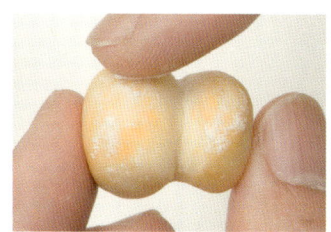

2 指先でたたきつけ、全体にまぶす。

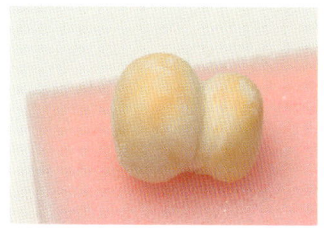

3 完成。1日ほどおいて乾燥させる。
◎底の部分も乾くように通気性のよいスポンジの上にのせるとよい。

便利な砂糖のトッピング

市販のトッピング素材を使い、粉や砂糖をまぶしたようなリアルなパンに仕上げます。

トッピングの達人〈粉砂糖・砂糖〉/（タミヤ）

リアルな砂糖が表現できる白いペースト状の塗料で、乾くと定着する。キメ細かい粉砂糖とざらつきのある砂糖の2種がある。

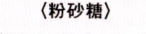

〈粉砂糖〉
粉をまぶしたパンに

〈砂糖〉
砂糖をまぶしたパンに

PART 1
2
Melon-pan

〜

メロンパン

まるで本物のような、おいしそうなメロンパンになりました。
格子状にしっかり筋を入れ、歯ブラシでクッキー生地の凸凹を表現します。

材料

モデナ
ベーキングパウダー
トッピングの達人〈砂糖〉(p.17)

着色・焼き色
リキテックス アクリル絵具
〈イエローオキサイド〉
〈ローシェンナ〉

できあがりサイズ
直径約2cm

加熱時間

20秒

準備

p.13〜14の要領でモデナとベーキングパウダーを計量し（分量は下記）、アクリル絵具〈イエローオキサイド〉で着色をして混ぜ、丸玉を作る。

・モデナ
カラースケール（**H＋G**）

・ベーキングパウダー
カラースケール（**B**）

---

recipe

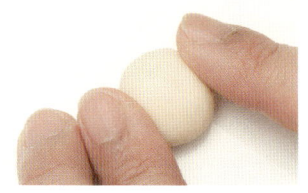

1 丸玉の両側を指先で押さえて底を平らにし、表面に丸みを作る。

5 電子レンジで20秒加熱する。

2 歯ブラシを強めに押しあて、全体に質感をつける。
◎電子レンジで温めると、ふくらんで質感がなくなってしまうので強めにあてる。

6 p.16の要領でアクリル絵具〈イエローオキサイド〉を筆につけ、筋の中をなぞるようにして焼き色をつける。

3 カッターで格子状に5本ずつ筋を入れる（縦横に斜めに筋を入れ、ダイヤ形になるようにする）。

7 同様にアクリル絵具〈ローシェンナ〉で重ね塗りをし、底の縁にも焼き色をつける。

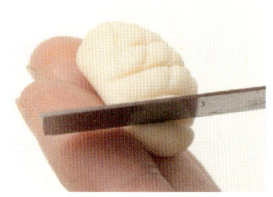

4 3でつけた筋に沿ってなぞりながら、手に持って側面にも筋を入れる。

8 トッピングの達人〈砂糖〉を楊枝でのせ、指先でたたきながら全体にまぶす（溝に入ったら楊枝でかき出す）。1日ほどおき、乾燥させる。

PART I
3
Sugar Twist
シュガーツイスト

たっぷり砂糖をまぶした揚げドーナッツです。
粘土が乾燥するとはがれてしまうので、手早くねじって成形しましょう。

材料
モデナ
ベーキングパウダー
トッピングの達人〈砂糖〉(p.17)

着色・焼き色
リキテックス アクリル絵具
〈イエローオキサイド〉
〈トランスペアレントローシェンナ〉
〈トランスペアレントバーントシェンナ〉

できあがりサイズ
長さ約3.5cm

加熱時間

20秒

準備
p.13～14の要領でモデナとベーキングパウダーを計量し（分量は下記）、アクリル絵具〈イエローオキサイド〉で着色をして混ぜ、丸玉を作る。

・**モデナ**
カラースケール（I）

・**ベーキングパウダー**
カラースケール（B）

recipe

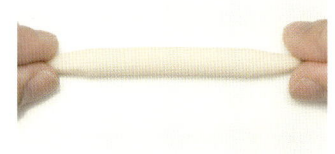

1 丸玉をころがして棒状にし、両端をつまんで先端を細くし、7.5cm長さにする。

2 歯ブラシを強めに押しあて、全体に質感をつける。
◎電子レンジで温めると、ふくらんで質感がなくなってしまうので強めにあてる。

3 半分に折り、2本いっしょに先端からねじる。
◎形をつぶさないように注意。粘土が乾燥するとはがれてしまうので手早くねじる。

4 再度、歯ブラシを押しあてて質感をつけ、形をととのえる。

5 電子レンジで20秒加熱する。粗熱を取り、熱いうちに形をととのえる。

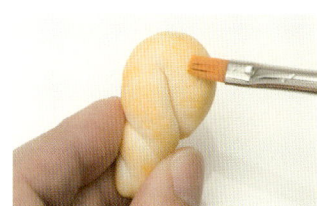

6 p.16の要領でアクリル絵具〈イエローオキサイド〉を筆につけ、表面に焼き色をつける。
◎ねじった部分の溝は着色しない。

7 同様に〈トランスペアレントローシェンナ〉、〈トランスペアレントバーントシェンナ〉の順に重ね塗りをする。

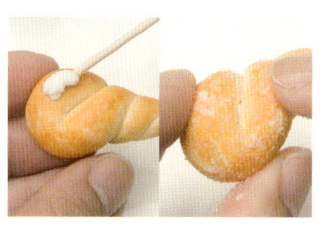

8 トッピングの達人〈砂糖〉を楊枝でのせ、指先でたたきながら全体にまぶす。1日ほどおいて乾燥させる。

PART I

4
Cinnamon Roll

シナモンロール

粘土をくるくる巻いて、キュートなシナモンロールに。
シナモンシュガー、アーモンド、アイシングも手作りして丁寧に仕上げます。

recipe

🥖 材料
モデナ
ベーキングパウダー
焼き色の達人（p.24）
トッピングパーツ・アーモンド
（p.25）
ニス〈つやあり〉
トッピングの達人〈クリヤーソース〉
（p.38）
ベビーパウダー

🥖 着色・焼き色
リキテックス アクリル絵具
〈イエローオキサイド〉
〈トランスペアレントローシェンナ〉
〈トランスペアレントバーントシェンナ〉

🥖 できあがりサイズ
直径約2cm

🥖 加熱時間

20秒

準備
p.13〜14の要領でモデナとベーキングパウダーを計量し（分量は下記）、アクリル絵具〈イエローオキサイド〉で着色をして混ぜ、丸玉を作る。

・**モデナ**
カラースケール（**H＋G**）

・**ベーキングパウダー**
カラースケール（**B**）

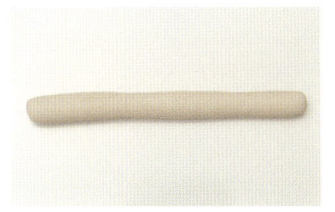

1 丸玉をころがし、8cm長さの棒状にする。

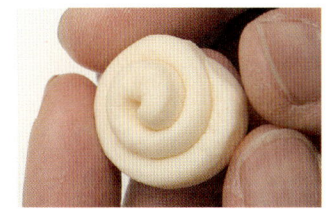

5 巻き終わりは指先でなじませてしっかりと貼りつける。

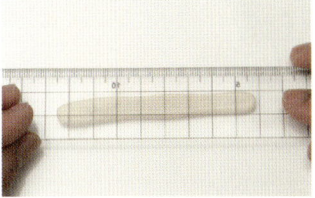

2 定規で軽く押さえ、平らにつぶす。

6 再度、上に歯ブラシを押しあてて質感を出す。

3 歯ブラシを強めに押しあて、全体に質感をつける。
◎巻いたときに上にくる側面にも歯ブラシをあてる。

7 電子レンジで20秒加熱する。

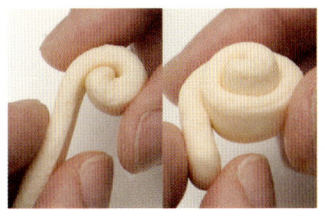

4 端から巻いていく。
◎隙間ができるようにゆるめに巻き、中央が少し飛び出るようにするとかわいく仕上がる。

8 温かいうちに楊枝を差し込み、隙間を広げる。

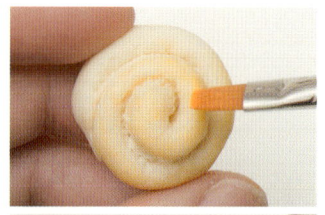

10 同様に〈トランスペアレントローシェンナ〉、〈トランスペアレントバーントシェンナ〉の順に重ね塗りをする。

12 楊枝ですくって隙間の中に詰め込む。

9 p.16の要領でアクリル絵具〈イエローオキサイド〉を筆につけ、表面に焼き色をつける。
◎隙間の部分は着色せず、表面と側面に塗る。

11 焼き色の達人のこげ茶を楊枝でかき出し、粉状にする。

13 細かく刻んだアーモンドのパーツを上から詰める。

14 表面にニスを塗り、粉とアーモンドを固定する。

着色料をトッピングに活用

デコ用の着色料も工夫次第でパンのトッピングに活用できます。ここではシナモンシュガーの表現に、粉状にした着色料を使用しました。

焼き色の達人〈うす茶・茶・こげ茶〉/〈タミヤ〉

化粧品のアイカラーのような着色料。付属のスポンジやブラシを使い、クッキーなど焼き菓子の焼き色を表現する。

15 トッピングの達人〈クリヤーソース〉とベビーパウダーを混ぜ合わせ、アイシングを作る。
◎透明なソースにベビーパウダーを混ぜると、透明感のある白さが出る。

16 渦巻きに合わせて15のアイシングをかける。1日ほどおいて乾燥させる。

column トッピングパーツの作り方

アーモンド

棒状の粘土を薄く切ってアーモンドスライスに。

材料
モデナ
リキテックス アクリル絵具
〈イエローオキサイド〉

作り方
1　p.13〜14の要領でモデナをカラースケール（H）で計量し、アクリル絵具〈イエローオキサイド〉で着色をする。
2　1を6cm長さの棒状にし、乾燥させる。
3　カッターで斜め薄切りにし、スライスアーモンドを作る。

薄く切るとき、わざと欠けているものを作るとリアルになる。

シナモンロールでは、スライスしたものをさらに細かく刻む。

PART I

5
Bagel

~~~
ベーグル
~~~

仕上げにニスを塗ることで、つるっとしたベーグルの生地感を表現します。
色を変えたり、トッピングをしたり、アレンジも楽しんでください。

材料

モデナ
グレイスカラー ブラウン
ベーキングパウダー
トッピングパーツ・ゴマ（下記）
ニス〈つやなし〉

着色・焼き色

リキテックス アクリル絵具
〈イエローオキサイド〉
〈トランスペアレントローシェンナ〉
〈トランスペアレントバーントシェンナ〉

できあがりサイズ

直径約2cm

加熱時間

20秒

準備

p.13〜14の要領でモデナとベーキングパウダーを計量し（分量は下記）、アクリル絵具〈イエローオキサイド〉で着色をして混ぜ、丸玉を作る。

・モデナ
カラースケール（H）

・ベーキングパウダー
カラースケール（A）

（チョコ）作り方は右記1〜3と同じ。
p.13〜14の要領でモデナとグレイスカラー、ベーキングパウダーを計量して混ぜ合わせ（分量は下記）、カラースケール（H）に詰めて1個分を取り分け、丸玉を作る。
※お好みでマーブル模様を作っても。分量の粘土は少し余るのでプチベーグルを作るなどしてください。

・モデナ
カラースケール（H）

・グレイスカラー ブラウン
カラースケール（F）

・ベーキングパウダー
カラースケール（A）

recipe

1 丸玉をころがして5cm長さの棒状にし、両端をつまんで細くし、6cm長さにする。

4 p.16の要領でアクリル絵具〈イエローオキサイド〉を筆につけ、焼き色をつける。
◎輪の中は軽く筆をあてる程度で。

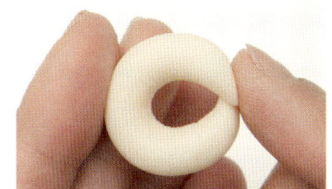

2 輪に丸め、両端を重ねて貼り合わせる。

5 同様に〈トランスペアレントローシェンナ〉、〈トランスペアレントバーントシェンナ〉の順に重ね塗りをする。

3 電子レンジで20秒加熱する。

6 表面にニスを塗り、乾かないうちにゴマを貼りつける。1日ほどおいて乾燥させる。

column トッピングパーツの作り方

ゴマ

粘土を小さく切って白ゴマと黒ゴマを手作り。

材料

モデナ
グレイスカラー ブラック
リキテックス アクリル絵具
〈イエローオキサイド〉

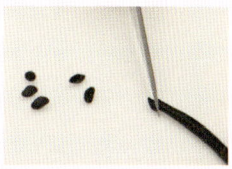

少量の粘土（黒ゴマ：グレイスカラー、白ゴマ：モデナをイエローオキサイドで薄い黄色に着色）を、針のように細長くのばす。乾燥させ、デザインナイフで斜めに切る。

27

PART I
6
Wiener Roll
ウィンナーロール

定番のロールパンにウィンナーを入れてボリュームたっぷりのおかずパンに。
ウィンナーはレンジでふくらまないように、しっかり乾燥させておきましょう。

材料
モデナ
ベーキングパウダー
トッピングパーツ・ウィンナー
(p.48)
ニス〈つやあり〉

着色・焼き色
リキテックス アクリル絵具
〈イエローオキサイド〉
〈トランスペアレントローシェンナ〉
〈トランスペアレントバーントシェンナ〉

できあがりサイズ
約4cm × 1.5cm

加熱時間

20秒

準備
p.13〜14の要領でモデナとベーキングパウダーを計量し（分量は下記）、アクリル絵具〈イエローオキサイド〉で着色をして混ぜ、丸玉を作る。

・モデナ
カラースケール（**H＋G**）

・ベーキングパウダー
カラースケール（**B**）

recipe

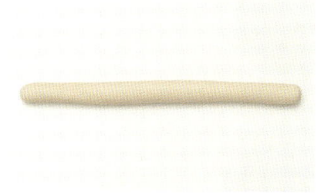

1 丸玉をころがし、9cm長さの棒状にする。

5 電子レンジで20秒加熱し、粗熱を取る。
◎ふくらんで溝が浅くなっていたら、粘土ヘラで筋を入れてととのえる。

2 歯ブラシを押しあて、全体に質感をつける。
◎つぶさないように、ころがしながら歯ブラシをあてる。

6 p.16の要領でアクリル絵具〈イエローオキサイド〉を筆につけ、表面に焼き色をつける。
◎溝の部分には塗らない。

3 ウィンナーに2の粘土を巻きつける。
◎ウィンナーはしっかり乾燥させておく。乾いていないものを使用すると、電子レンジで加熱した際に少しふくらむので注意。

7 同様に〈トランスペアレントローシェンナ〉、〈トランスペアレントバーントシェンナ〉の順に重ね塗りをする。

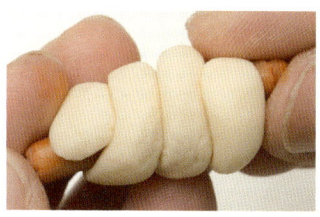

4 巻き終わりは指先でなじませてしっかりと貼り合わせる。

8 表面にニスを少し塗り、1日ほどおいて乾燥させる。

PART 1

7
Cheese-pan
チーズパン

ころんとした形がかわいい、チーズ入りの丸パンです。
十字に筋を入れて中央を開き、中に手作りのチーズパーツを詰めていきます。

材料
モデナ
ベーキングパウダー
接着剤
トッピングパーツ・チーズ（p.45）

着色・焼き色
リキテックス アクリル絵具
〈イエローオキサイド〉
〈トランスペアレントローシェンナ〉
〈トランスペアレントバーントシェンナ〉

できあがりサイズ
直径約1.5cm

加熱時間
20秒

準備
p.13〜14の要領でモデナとベーキングパウダーを計量し（分量は下記）、アクリル絵具〈イエローオキサイド〉で着色をして混ぜ、丸玉を作る。

・**モデナ**
カラースケール（H＋G）

・**ベーキングパウダー**
カラースケール（B）

recipe

1 丸玉に歯ブラシを押しあて、質感をつける。

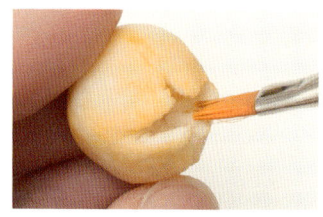

5 p.16の要領でアクリル絵具〈イエローオキサイド〉を筆につけ、表面に焼き色をつける。
◎中央のくぼみの中にも軽く色をつける。

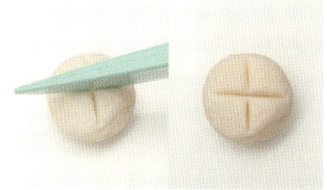

2 中央に粘土ヘラで十字に筋を入れる。

6 同様に〈トランスペアレントローシェンナ〉、〈トランスペアレントバーントシェンナ〉の順に重ね塗りをする。

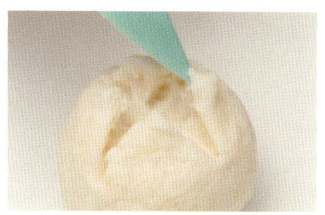

3 2の印に沿って粘土ヘラで筋の部分をめくりあげるようにして開く。

7 くぼみの中に接着剤をたっぷり垂らす。

4 電子レンジで20秒加熱する。

8 チーズを入れ、1日ほどおいて乾燥させる。
◎重なる部分はチーズに接着剤をつけて上にのせる。

PART 1

8

Fruit Danish

フルーツデニッシュ

いちごとブルーベリーのトッピングで、丸と四角の2種を紹介します。
カッターで筋を入れて層を作り、サクサクしたデニッシュ生地を表現します。

材料

モデナ
ベーキングパウダー
トッピングの達人〈粉砂糖〉(p.17)
クリーミィホイップ〈ミルク〉(p.38)
トッピングパーツ・いちご
(p.36)
トッピングパーツ・ブルーベリー
(p.37)
トッピングパーツ・プレート
(p.35)
トッピングの達人(p.38)
〈つぶつぶいちごソース〉
〈つぶつぶブルーベリーソース〉

ニス〈つやあり〉

着色・焼き色

リキテックス アクリル絵具
〈イエローオキサイド〉
〈トランスペアレントローシェンナ〉
〈トランスペアレントバーントシェンナ〉
〈トランスペアレントバーントアンバー〉

できあがりサイズ

直径約2cm

加熱時間

20秒

準備

p.13〜14の要領でモデナとベーキングパウダーを計量し（分量は下記）、アクリル絵具〈イエローオキサイド〉で着色をして混ぜ、丸玉を作る。

・**モデナ**
カラースケール（**H**）

・**ベーキングパウダー**
カラースケール（**A**）

recipe

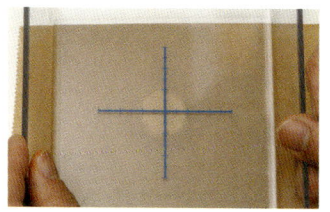

1 丸玉にプレス器（または定規）をあてて直径2cmの円形にのばす。
◎粘土がくっつかないようにオーブンシートをはさむ。

5 粘土ヘラの背などをあてて、3のくぼみの形をととのえる。

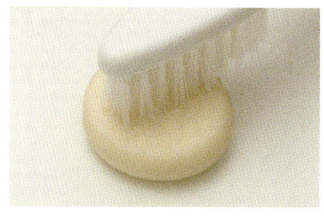

2 歯ブラシを押しあて、全体に質感をつける。

6 電子レンジで20秒加熱する。

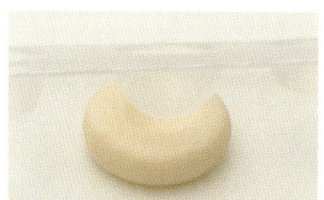

3 中央にカラースケール（**G**）の裏の半球の凸部を押しあて、くぼみをつける。

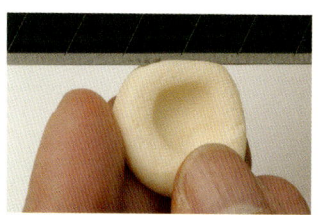

7 再度、側面にカッターで筋を入れる。
◎電子レンジで加熱してふくらむと筋が薄くなるので、再度カッターで筋を入れる。

4 側面にカッターで細かい筋をたくさん入れ、パイの層を表現する。

8 p.16の要領でアクリル絵具〈イエローオキサイド〉を筆につけ、表面に焼き色をつける。

9 同様に〈トランスペアレントローシェンナ〉、〈トランスペアレントバーントシェンナ〉、〈トランスペアレントバーントアンバー〉の順に重ね塗りをする。

11 くぼみの中にクリーミィホイップ〈ミルク〉を絞る。

14 クリームといちごの上にトッピングの達人〈つぶつぶいちごソース〉をかけ、乾燥させる。

12 切ったいちごをのせる。

15 乾燥後、いちごとソースの部分にニスを塗る。1日ほどおいて乾燥させる。

10 トッピングの達人〈粉砂糖〉を楊枝でのせ、指でたたいて全体にまぶしつける。

13 プレートを飾る。

四角形

作り方は丸形と同じ。

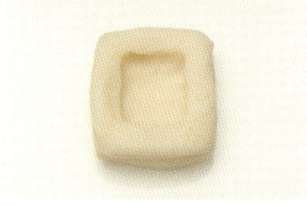

4で側面にカッターで筋を入れるとき、四角形になるように形をととのえる。

12でブルーベリーをのせ、14のソースはトッピングの達人〈つぶつぶブルーベリーソース〉をかける。

column トッピングパーツの作り方

プレート

好きな文字を粘土に貼りつけてプレートに。

材料

モデナ

リキテックス アクリル絵具
〈トランスペアレントローシェンナ〉
〈チタニウムホワイト〉

お好みの転写シート
＊転写シート…文字や絵柄をうつすことができるデコレーションシート。

作り方

1　p.13〜14の要領でモデナをカラースケール（H）で計量し、アクリル絵具〈トランスペアレントローシェンナ/チタニウムホワイト〉でクリーム色に着色する。
2　直径3.5cmの円形にのばし乾燥させる。
3　転写シートをお好みの大きさに切り、粘土に貼りつける。
4　シートの形に合わせてカッターで切る。

配置を決めて転写シートを貼りつけ、まわりをカッターで切り取る。
※転写シートの種類によって貼り方が異なるので、説明書の指示に従ってください。

column トッピングパーツの作り方

いちご

丸ごとでも、½や¼にカットしても使えるので便利です。

材料
モデナ
デコレーションカラー
〈いちごシロップ〉（下記）

デコレーションカラー
〈いちごシロップ〉
（タミヤ）

つやのある赤い色になり、いちごの表現にぴったりのアクリル塗料。みかんやレモンなど全13色と溶剤がある。

作り方

1 p.13の要領でモデナをカラースケール（G）で計量し、丸玉を作って楊枝に刺す。

2 指で先端をつまみ、涙形にととのえる。

3 コスメ用注射器（または楊枝）などで穴をあけ、いちごの種を描く。

4 スポンジに切り込みを入れて楊枝を刺し、1日ほどおいて乾燥させる。

5 デコレーションカラー〈いちごシロップ〉で全体に色を塗る（種のくぼみには塗らず、二度塗りする）。

6 再びスポンジに楊枝を刺し、乾燥させる。

7 乾燥したら、カッターでお好みの大きさに切る。

ブルーベリー

かわいいミニサイズのブルーベリー。
中央のくぼみを丁寧に描いて。

材料
モデナ
グレイスカラー レッド / ブルー

分量
・モデナ
カラースケール (**F**)

・グレイスカラー
レッド：カラースケール (**E**)
ブルー：カラースケール (**F**)

作り方

1 p.13の要領でモデナとグレイスカラーを計量する（分量は左記）。

2 3色の粘土を混ぜ合わせ、紫色に着色する。

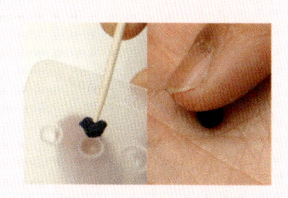

3 2をカラースケール (**B**) に詰めて1個分を取り分け、丸玉を作る。

4 楊枝で中央を広げ、星形のようなくぼみを作る。

ミント

サイズは小さいですが、
葉脈までしっかり表現します。

材料
モデナ
グレイスカラー グリーン / イエロー

分量
・モデナ
カラースケール (**F**)

・グレイスカラー
グリーン：カラースケール (**A**)
イエロー：カラースケール (**C**)

作り方

1 p.13の要領でモデナとグレイスカラーを計量する（分量は左記）。

2 3色の粘土を混ぜ合わせ、黄緑色に着色して丸玉を作る。

3 2をカラースケール (**A**) に詰めて1個分を取り分ける。

4 3をころがして棒状にし、平らにつぶして楕円形にする。

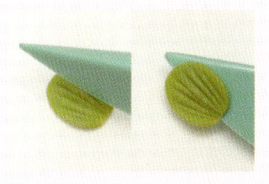

5 粘土ヘラで葉脈を描き、ヘラですくって手に持つ。

6 中央を少しへこませ、形をととのえる。

pick up

トッピングに便利なソース＆クリーム

パンのトッピングにあると便利な
市販のソースやクリーム。
扱いやすいのでデコレーションが気軽に楽しめます。

クリーミィホイップ〈ミルク〉
（パジコ）

トッピングに欠かせないホイップクリームが手軽に表現できる。マットな質感でリアルな仕上がりに。乾燥後は耐水性がある。

ホイップの達人〈カスタード〉
（タミヤ）

クリームパン（p.50）のカスタードクリームの表現に使用。ほかにミルク、チョコレート、いちごもある。

デコソース
〈マンゴー／クリア／キウイ〉
（パジコ）

とろりとしたシズル感があり、フルーツソースの表現に使用。マンゴー、クリア、キウイのほかにイチゴやブルーベリー、チョコも。

トッピングの達人
（タミヤ）

ソースの表現に。左からクリヤー、つぶつぶいちごミルク、はちみつ、つぶつぶいちご、チョコレート、つぶつぶブルーベリーソース。

PART 2

Cutting

カットできるパン

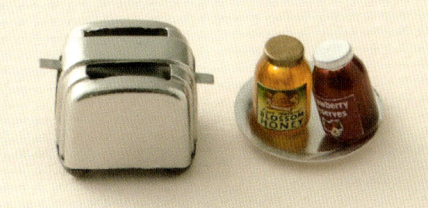

食パンやフランスパン、クロワッサン、イングリッシュマフィンなど、
カットできるタイプのパンを紹介します。
パンをカットしたら野菜やフルーツなどのトッピングパーツを合わせたり、
クリームを絞ったり、料理をするみたいにアレンジするのも楽しいです。

PART 2

1
Pain de mie
食パン

食パンが作れるようになると、一気にアレンジが広がって
楽しいです。加熱するときは耐熱容器に入れ、
隙間を埋めてふくらみを抑えるのがコツ。

山形食パン

recipe

材料
モデナ
ベーキングパウダー

着色・焼き色
リキテックス アクリル絵具
〈イエローオキサイド〉
〈トランスペアレントローシェンナ〉
〈トランスペアレントバーントシェンナ〉

できあがりサイズ
約4cm × 2cm × 2.5cm

加熱時間
1分

準備
p.13～14の要領でモデナとベーキングパウダーを計量し（分量は下記）、アクリル絵具〈イエローオキサイド〉で着色をして混ぜ、丸玉を作る。

・**モデナ**
カラースケール（I × 3個）

・**ベーキングパウダー**
カラースケール（B）

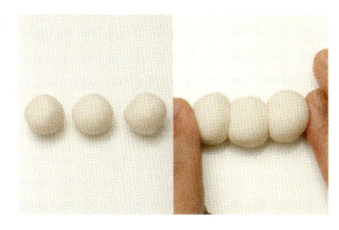

1 丸玉をカラースケール（I）に入れて3等分にし、丸める。3つの丸玉を貼り合わせる。

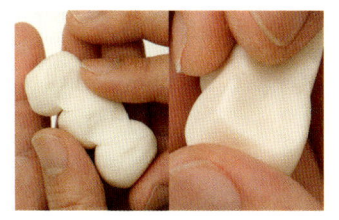

2 裏側の境目を指でなじませてくっつけ、底は指先で粘土をつまみながら角を作る。

3 両側を指で押さえ、平らになるように形をととのえる。

4 上側に歯ブラシを押しあて、質感をつける。

5 耐熱容器に入れてシリコンカップやティッシュなどで隙間を埋め、電子レンジで1分加熱して冷ます。
◎両側を固定してふくらみを抑える。

6 p.16の要領でアクリル絵具〈イエローオキサイド〉を筆につけ、全体に焼き色をつける。
◎溝の部分は塗らない。

7 〈トランスペアレントローシェンナ〉、〈トランスペアレントバーントシェンナ〉の順に重ね塗りをする。
◎粘土が乾燥するとかたくなって切りにくいので、手早く着色する。

8 カッターでお好みの厚さに切り、1日ほどおいて乾燥させる。

角形食パン

成形を変えれば、角形食パンになります。
材料や使用する絵具、加熱時間は山形食パンと同じです。

🥖 **できあがりサイズ**
約2cm角

準備

p.13～14の要領でモデナとベーキングパウダーを計量し（分量は下記）、アクリル絵具〈イエローオキサイド〉で着色をして混ぜ、丸玉を作る。

・モデナ
カラースケール（I×3個）

・ベーキングパウダー
カラースケール（C）

recipe

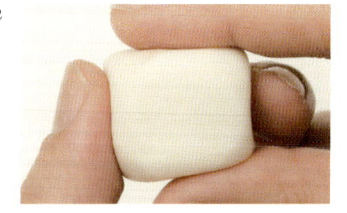

1 粘土を2cm角の立方体になるように形をととのえる。

2 歯ブラシを押しあて、全体に質感をつける。

3 耐熱容器に入れてシリコンカップやティッシュなどで隙間を埋め、ラップをして電子レンジで1分加熱して冷ます。
◎ラップで上のふくらみも抑える（空気が抜けるように端を少しあける）。

4 p.16の要領でアクリル絵具〈イエローオキサイド〉を筆につけ、全体に焼き色をつける。
◎角の部分はあまり塗らない。

5 〈トランスペアレントローシェンナ〉、〈トランスペアレントバーントシェンナ〉の順に重ね塗りをする。
◎粘土が乾燥するとかたくなって切りにくいので、手早く着色する。

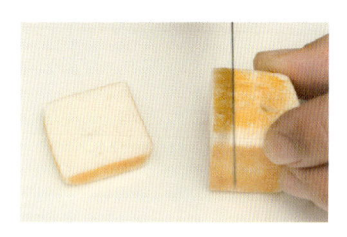

6 カッターでお好みの厚さに切り、1日ほどおいて乾燥させる。

---

point
失敗しないコツ

粘土の混ぜ方が足りないと、中に空気が入ってしまい、切ったときに穴があいてきれいな断面になりません。絵具とベーキングパウダーを混ぜるとき、中の空気を抜くようにしっかりと混ぜるのがポイントです。

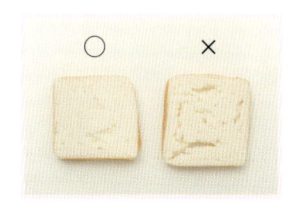

PART 2

2
French Toast
フレンチトースト

山形食パンにフルーツやクリームをトッピングしてフレンチトーストにアレンジ。
食パンを水に浸して柔らかくし、しんなりとした質感を出します。

材料

山形食パンのスライス…2枚
(p.41)

モデナ

ミニチュアの皿

接着剤

デコソース(p.38)
〈マンゴー〉
〈クリア〉

トッピングパーツ・バター
(p.45)

クリーミィホイップ〈ミルク〉(p.38)

トッピングの達人(p.38)
〈つぶつぶいちごソース〉
〈つぶつぶブルーベリーソース〉
〈チョコレートソース〉
〈はちみつソース〉のいずれか

トッピングパーツ・ミント
(p.37)

ニス〈つやあり〉

ベビーパウダー

着色・焼き色

リキテックス アクリル絵具
〈イエローオキサイド〉
〈トランスペアレントローシェンナ〉
〈トランスペアレントバーントシェンナ〉

recipe

1 食パンを柔らかくなるまで水に浸す。

2 しんなりしたら、折り曲げながら全体をほぐし、形をととのえる。
◎指で押さえて少しつぶすようにし、しんなりした質感を出す。

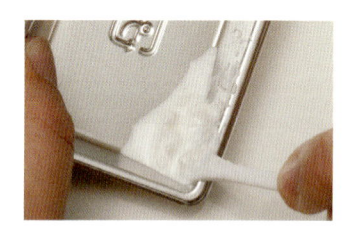

3 少量のモデナを水で少しずつ溶いてペースト状にする。

4 3を食パンの表面にところどころ塗り、乾燥させる。
◎卵液を表現する。均等に塗らず、かたまりを少し残すなどランダムに塗る。

5 p.16の要領でアクリル絵具〈イエローオキサイド〉を筆につけ、全体に焼き色をつける。
◎トッピングをのせない角の部分を濃いめにするとよい。

6 同様に〈トランスペアレントローシェンナ〉、〈トランスペアレントバーントシェンナ〉の順に重ね塗りをする。

7 皿に接着剤を塗り、食パン2枚を貼りつける。

8 デコソースのマンゴーとクリアを少しずつ混ぜ、溶かしバターを作る。

9 8を食パンにかける。

10 バターをのせてクリーミィホイップ〈ミルク〉を絞り、全体にソース（写真ははちみつソース）をかけてミントを飾り、乾燥させる。

11 ニスを塗り、ベビーパウダーを全体にふりかけ、1日ほどおいて乾燥させる。
◎ベビーパウダーは楊枝にのせ、上からたたいて少量ずつまぶす。
※ほかも同様にクリームを絞り、チョコレートソース、つぶつぶいちごソース、つぶつぶブルーベリーソースをそれぞれかける。

column トッピングパーツの作り方

チーズ / バター

切る大きさを変えればチーズとバターに。

材料

モデナ

リキテックス アクリル絵具
〈トランスペアレントローシェンナ〉
〈チタニウムホワイト〉

作り方

1　p.13〜14の要領でモデナをカラースケール（**H**）で計量し、アクリル絵具〈トランスペアレントローシェンナ/チタニウムホワイト〉でクリーム色に着色する。

2　直径3cmの円形にのばし、乾燥させる。

3　カッターで棒状に切ってからお好みの大きさにする。

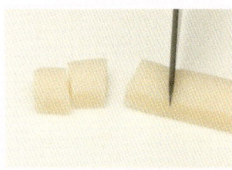

角切りチーズ
2〜3mm大に切る。

三角チーズ
5〜6mm大に切ってから三角形にする。

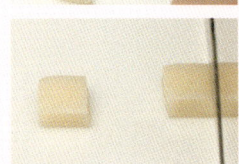

バター
5〜6mm大に切る。

PART 2

3

Sandwich

サンドイッチ

角形食パンのスライスに野菜パーツを貼りつけてサンドイッチにします。
パーツを重ねていく作業が、料理をしているみたいで楽しいです。

材料

角形食パンのスライス (p.42)
トッピングパーツ・ハム (p.48)
トッピングパーツ・きゅうり (p.67)
トッピングパーツ・レタス (p.66)
トッピングパーツ・ベーコン (p.49)
トッピングパーツ・トマト (p.67)
木工用ボンド
接着剤

着色・焼き色

リキテックス アクリル絵具
〈イエローオキサイド〉
〈チタニウムホワイト〉

準備

ハム・きゅうりの サンドイッチ

食パン1枚は耳をカッターで切り落とし、半分に切る。ハム2枚は半分に切り、きゅうりはスライス2枚と½枚を用意する。

◎サンドイッチのみを作る場合は、食パンに焼き色をつけずに切ってもよい。

BLT サンド

食パン3枚、トマト4枚、ベーコン4枚、レタス2枚、きゅうりのスライス8枚を用意する。

recipe

〈ハム・きゅうりのサンドイッチ〉

1 木工用ボンドを少量出し、アクリル絵具〈イエローオキサイド〉と〈チタニウムホワイト〉を少しずつ混ぜてマヨネーズ色にする。

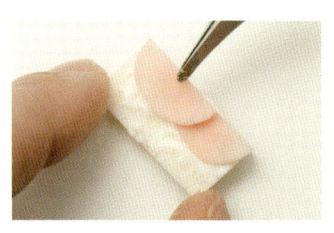

2 食パンに1のボンドを塗ってハムをのせる。重なる部分はハムの上にボンドを塗ってのせる。

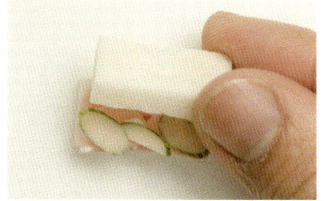

3 同様にしてきゅうりをのせ、マヨネーズを塗った食パンを重ねて貼りつける。1日ほどおいて乾燥させる。

〈BLT サンド〉

1 食パンに接着剤を塗り、レタスをのせる。

2 接着剤をそのつど垂らしながら、ベーコン2枚、トマト2枚を順にのせ、きゅうり4枚を間にはさむ。

3 接着剤を多めに垂らし、2枚目の食パンを貼りつける。

4 2と同様に具をのせて3枚目の食パンを貼りつけ、1日ほどおいて乾燥させる。

column トッピングパーツの作り方

ウィンナー

ウィンナーロール（p.28）に。
形をしならせるのがポイント。

*ウィンナーロールにはしっかり乾燥させてから使用する。

材料
モデナ
リキテックス アクリル絵具
〈バーントシェンナ〉

作り方

1 p.13〜14の要領でモデナをカラースケール（H）で計量し、アクリル絵具〈バーントシェンナ〉で着色をして薄茶の丸玉を作る（2本分）。

2 1をカラースケール（G）に詰めて1本分を取り分け、4cm長さの棒状にする。

3 先端をピンセットでつまんで突起を作り、反対側からも押さえてつぶす。もう一方の端も同様にする。

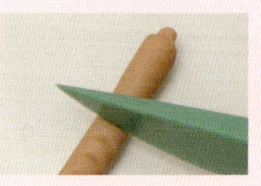

4 粘土ヘラで筋を入れる。

5 両端を少し折り曲げるようにして形をととのえ、乾燥させる。

6 アクリル絵具〈バーントシェンナ〉を全体に塗って色をつける。

ハム

サンドイッチの定番。簡単なのでまとめて作っておいても。

材料
モデナ
リキテックス アクリル絵具
〈カドミウムレッドミディアム〉

1 p.13〜14の要領でモデナをカラースケール（H）で計量し、アクリル絵具〈カドミウムレッドミディアム〉で着色をして薄いピンクの丸玉を作る。

2 1をカラースケール（C）に詰めて1枚分を取り分け、プレス器（または定規）で直径約1.5cmの円形にのばす。

ベーコン

かたまりを作ってから切るので、絶妙な焼き色が表現できます。

材料
モデナ
リキテックス アクリル絵具
〈カドミウムレッドミディアム〉
〈チタニウムホワイト〉
〈バーントシェンナ〉

作り方

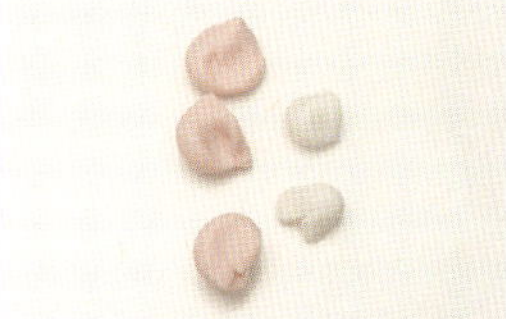

1. p.13〜14の要領でモデナをカラースケール（H×3個）で計量し、アクリル絵具〈カドミウムレッドミディアム〉で着色をする。同様にモデナをカラースケール（G×2個）で計量し、〈チタニウムホワイト〉で着色をする。

2. それぞれを棒状にのばし、ピンクと白を交互に並べる。

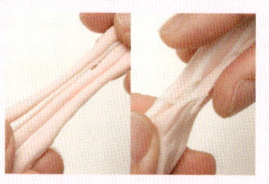

3. 横にのばしてたたむ作業をくり返し、マーブル状になるように混ぜる。

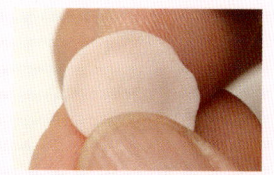

3. 縁をつまんでひらひらするように形を作り、乾燥させる。

4. 縦1cm、横4cm、高さ1cmになるよう形をととのえる。

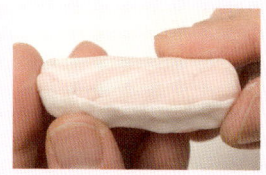

5. モデナをカラースケール（F）で計量し、アクリル絵具〈チタニウムホワイト〉で着色をしたものを上面に貼りつける。

6. 歯ブラシを押しあて、上面に質感をつける。

7. 上面にアクリル絵具〈バーントシェンナ〉を塗って着色する。

8. カッターで薄くスライスし、少し折り曲げるようにして形をととのえる。

PART 2

4
Cream-pan
クリームパン

パン屋さんに売っている昔ながらの素朴なクリームパンです。
中に空洞を作ってカスタードクリームを入れられるようにしました。

材料

モデナ
ベーキングパウダー
ホイップの達人〈カスタード〉(p.38)

着色・焼き色
リキテックス アクリル絵具
〈イエローオキサイド〉
〈トランスペアレントローシェンナ〉
〈トランスペアレントバーントシェンナ〉

できあがりサイズ
長さ約3cm

加熱時間
20秒

準備

p.13～14の要領でモデナとベーキングパウダーを計量し（分量は下記）、アクリル絵具〈イエローオキサイド〉で着色をして混ぜ、丸玉を作る。

・**モデナ**
カラースケール（**H**）

・**ベーキングパウダー**
カラースケール（**A**）

---

recipe

1 丸玉を手でのばし、3.5cm×3cmの楕円形にする。

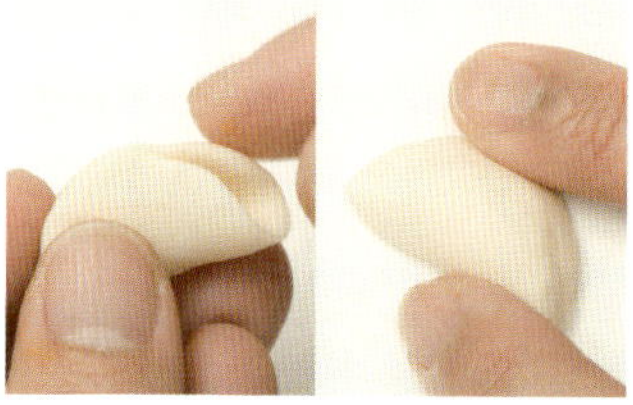

2 空洞ができるように半分に折りたたみ、閉じ口を貼り合わせる。

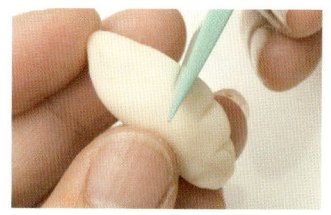

3 粘土ヘラで縁に4か所、筋を入れる。
◎電子レンジで温めると、ふくらんで筋がなくなってしまうので強めにつける。

4 電子レンジで20秒加熱する。

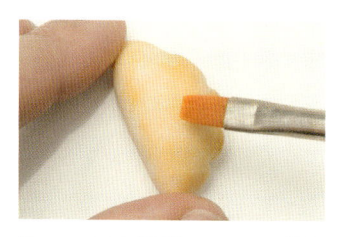

5 p.16の要領でアクリル絵具〈イエローオキサイド〉を筆につけ、表面に焼き色をつける。

6 同様に〈トランスペアレントローシェンナ〉、〈トランスペアレントバーントシェンナ〉の順に重ね塗りをする。

7 カッターで半分に切る。

8 ホイップの達人〈カスタード〉を絞り袋に入れ、中に絞る。1日ほどおいて乾燥させる。

PART 2
5
Chocolate Marble
ショコラマーブル

断面のマーブル模様がかわいいので、切るのが楽しみなパンです。
最初に粘土を混ぜすぎると、きれいな模様が出ないので注意しましょう。

材料

モデナ
グレイスカラー ブラウン
ベーキングパウダー

着色・焼き色
リキテックス アクリル絵具
〈イエローオキサイド〉
〈トランスペアレントローシェンナ〉
〈トランスペアレントバーントシェンナ〉
〈トランスペアレントバーントアンバー〉

できあがりサイズ
約4.5cm×2cm×2.5cm

加熱時間
1分

準備

p.13〜14の要領でモデナとベーキングパウダーを計量し（分量は下記）、アクリル絵具〈イエローオキサイド〉で着色をして混ぜ、丸玉を作る。

・**モデナ**
カラースケール（I×3個）

・**ベーキングパウダー**
カラースケール（**B**）

p.14の要領でモデナとグレイスカラーを計量して混ぜ合わせ（分量は下記）、茶色の丸玉を作る。

・**モデナ**
カラースケール（**H**）

・**グレイスカラー**
カラースケール（**F**）

---

recipe

1 白い丸玉は2つに分け、茶色の丸玉とそれぞれ棒状にして交互に並べる。

2 横に引っ張ってたたむ作業をくり返し、マーブル状になるように混ぜ合わせる。
◎あまり混ぜすぎると模様がきれいに出ないので注意。

3 4.5cm長さの直方体に形をととのえ、歯ブラシを押しあてて全体に質感をつける。
◎中央を少し盛り上がらせ、パウンドケーキのような形にする。

4 耐熱容器に入れてシリコンカップやティッシュなどで隙間を埋め、電子レンジで1分加熱して冷ます。
◎両側を固定してふくらみを抑える。

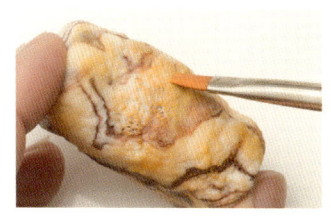

5 p.16の要領でアクリル絵具〈イエローオキサイド〉を筆につけ、全体に焼き色をつける。
◎白い部分を中心に色をつける。

6 同様に〈トランスペアレントローシェンナ〉、〈トランスペアレントバーントシェンナ〉、〈トランスペアレントバーントアンバー〉の順に重ね塗りをする。

7 カッターでお好みの厚さに切り、1日ほどおいて乾燥させる。

PART 2

6
Baguette

フランスパン

クープ模様の中をカッターで粗く削るのが、リアルな質感に仕上げるポイント。
切り込みを入れてクリームを絞れば、キュートなミルクフランスができます。

材料
モデナ
ベーキングパウダー
クリーミィホイップ〈ミルク〉(p.38)
ニス〈つやあり〉

着色・焼き色
リキテックス アクリル絵具
〈イエローオキサイド〉
〈トランスペアレントローシェンナ〉
〈トランスペアレントバーントシェンナ〉
〈トランスペアレントバーントアンバー〉

できあがりサイズ
長さ約4cm

加熱時間
20秒

準備

p.13〜14の要領でモデナとベーキングパウダーを計量し（分量は下記）、アクリル絵具〈イエローオキサイド〉で着色をして混ぜ、丸玉を作る。

・**モデナ**
カラースケール（**H**）

・**ベーキングパウダー**
カラースケール（**A**）

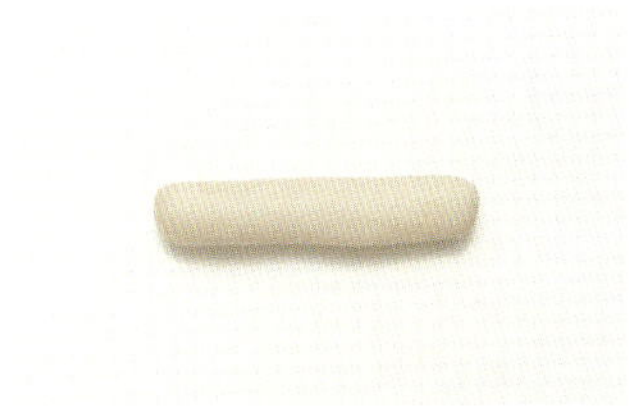

---

recipe

1 丸玉をころがし、4cm長さの棒状にする。

2 両側をつまんで先端を細くし、形をととのえる。

3 歯ブラシを押しあて、全体に質感をつける。

4 デザインナイフで表面に葉っぱのようなクープ模様を描き、少し乾燥させる。

5 ピンセットでクープ模様の中の粘土をめくり、はがす。

6 中の形をピンセットでととのえる。

7 電子レンジで20秒加熱する。

8 模様の中をデザインナイフで少し削り、表面を荒らして質感を出す。

9 p.16の要領でアクリル絵具〈イエローオキサイド〉を筆につけ、全体に焼き色をつける。
◎クープ模様の中には塗らず、模様の立ち上がり部分には少し塗る。

ミルクフランス

パンに切り込みを入れて、中にクリームを絞るだけです。
フランスパンができあがったら、いっしょに作ってみましょう。

recipe

1 焼き色をつけたフランスパンの中央にカッターで切り込みを入れる。

2 切り込みを入れた部分を手で少し開き、クリーミィホイップを中に絞って乾燥させる。

3 表面にニスを少し塗り、1日ほどおいて乾燥させる。

10 同様に〈トランスペアレントローシェンナ〉、〈トランスペアレントバーントシェンナ〉、〈トランスペアレントバーントアンバー〉の順に重ね塗りをする。1日ほどおいて乾燥させる。

切り込みを入れる位置やクリームの種類を変えてアレンジ。中央ではなく横に切り込みを入れ、デコソース（チョコ）を絞ります。

PART 2

7
Chigiri-pan
ちぎりパン

本物のパンのように、手でちぎることができる楽しいパンです。
作るのに少し根気が必要ですが、できあがったときのよろこびはひとしお。

材料
モデナ
ベーキングパウダー
ニス〈つやあり〉

着色・焼き色
リキテックス アクリル絵具
〈イエローオキサイド〉
〈トランスペアレントローシェンナ〉
〈トランスペアレントバーントシェンナ〉

できあがりサイズ
約4cm角

加熱時間
20秒

準備
p.13～14の要領でモデナとベーキングパウダーを計量し（分量は下記）、アクリル絵具〈イエローオキサイド〉で着色をして混ぜる。カラースケール（F）に詰めて1個分を取り分け、丸玉を作る。

・**モデナ**
カラースケール（I×4個）

・**ベーキングパウダー**
カラースケール（D）

※分量の粘土は作り終わったあと少し余るので、ほかのパンを作るなど活用してください。

---

recipe

1 丸玉をころがし、4cm長さの棒状にする。

2 軽くつぶして平らにする。

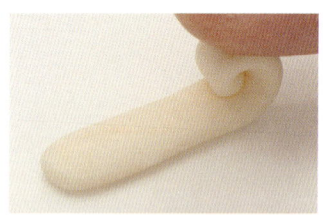

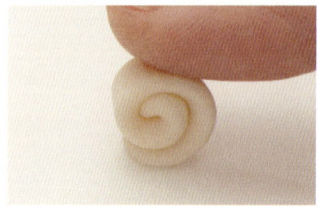

3 端から巻く。
◎中心が少し飛び出すようにするとかわいい。

4 再びカラースケール（F）に詰めて取り、1～3の要領でもう1個作り、貼り合わせる。

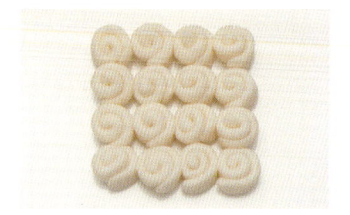

5 これをくり返し、縦横に4個ずつ貼り合わせる。

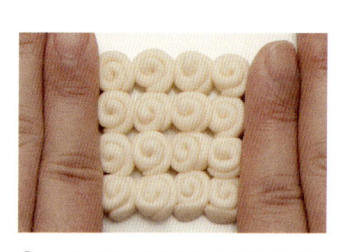

6 正方形になるように手で両側を押さえて形をととのえる。

7 側面に歯ブラシを押しあて、質感をつける。

8 電子レンジで20秒加熱し、粗熱を取る。

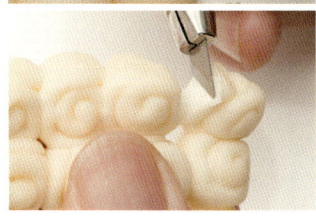

9 かたくならないうちに、右端の1個の縁をカッターでところどころ切り離す。

10 切り離した部分に沿って、手でそっとちぎり取る。

11 p.16の要領でアクリル絵具〈イエローオキサイド〉を筆につけ、全体に焼き色をつける。
◎上は少し濃いめに色をつける。ちぎった1個にも同様に色を塗る。

12 同様に〈トランスペアレントローシェンナ〉、〈トランスペアレントバーントシェンナ〉の順に重ね塗りをする。

13 表面にニスを塗る。1日ほどおいて乾燥させる。

59

PART 2

8

Croissant

クロワッサン

プレーンタイプとアーモンドチョコの2種を紹介します。
カッターで筋を入れてパイ生地の質感を出し、
三日月形にしっかり成形します。

材料

モデナ
ベーキングパウダー
トッピングの達人〈粉砂糖〉(p.17)
接着剤
トッピングパーツ・アーモンド (p.25)
デコソース〈チョコ〉(p.38)
ベビーパウダー

着色・焼き色
リキテックス アクリル絵具
〈イエローオキサイド〉
〈トランスペアレントローシェンナ〉
〈トランスペアレントバーントシェンナ〉
〈トランスペアレントバーントアンバー〉

できあがりサイズ
長さ約4cm

加熱時間
20秒

準備

p.13～14の要領でモデナとベーキングパウダーを計量し（分量は下記）、アクリル絵具〈イエローオキサイド〉で着色をして混ぜ、丸玉を作る。

・**モデナ**
カラースケール（I×2個）

・**ベーキングパウダー**
カラースケール（B）

---

recipe

1 丸玉をころがし、5cm長さの棒状にする。

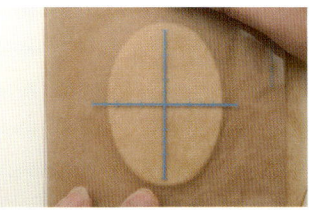

2 プレス器（または定規）をあてて縦6.5cm×横4.7cmの楕円形にのばす。
◎粘土がくっつかないようにオーブンシートをはさむ。

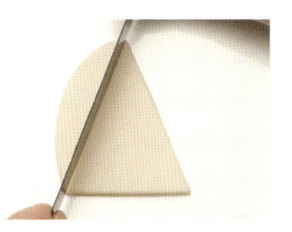

3 4×5cmの二等辺三角形になるようにカッターで切る。

4 側面にカッターで筋をたくさん入れ、パイ生地の層を表現する。

5 カッターで表面を荒らし、質感をつける。

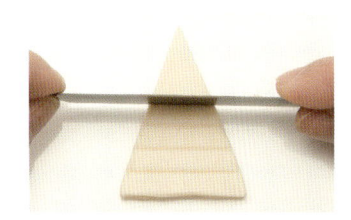

6 巻きやすいように、裏面にカッターで5mm間隔の筋を入れる。

7 端から巻く。

8 三日月形になるように形をととのえる。

9 電子レンジで20秒加熱する。

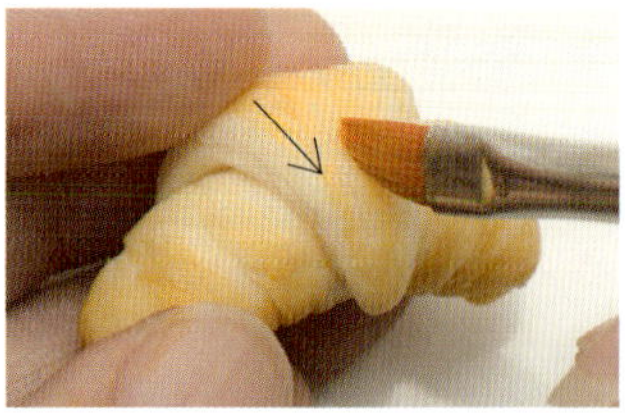

10 p.16の要領でアクリル絵具〈イエローオキサイド〉を筆につけ、全体に焼き色をつける。
◎筋に沿って縦方向に塗る。

11 同様に〈トランスペアレントローシェンナ〉、〈トランスペアレントバーントシェンナ〉、〈トランスペアレントバーントアンバー〉の順に重ね塗りをする。

12 トッピングの達人〈粉砂糖〉を楊枝でのせ、指でたたくようにしてまぶす。1日ほどおいて乾燥させる。

アーモンドチョコ クロワッサン *recipe*

焼き色をつけたあとに、アーモンドとチョコレートソースでトッピングをします。

1 焼き色をつけたら上部に接着剤を塗り、アーモンドを1枚ずつ貼りつける。

2 クリアファイルを下敷きにし、デコソース〈チョコ〉をジグザグにかける。

3 はみ出たソースを楊枝ですくって切り、仕上げにベビーパウダーを上からまぶす。

デコソース〈チョコ〉は容器のままだと線が太いため、コルネに入れ替えて使用します。
※コルネ…透明のフィルムを三角に巻いてテープで留め、先端を細く切ったもの。

PART 2
9
Croissant Sandwich
クロワッサンサンド

クロワッサンに切り込みを入れて、野菜パーツをはさみます。
具材はお好みで組み合わせてみてください。

🥐 材料
クロワッサン (p.60)
トッピングパーツ・レタス (p.66)
トッピングパーツ・ハム (p.48)
トッピングパーツ・きゅうり (p.67)
木工用ボンド

🥐 着色・焼き色
リキテックス アクリル絵具
〈イエローオキサイド〉
〈チタニウムホワイト〉

準備

p.47の1の要領でボンドにアクリル絵具〈イエローオキサイド〉と〈チタニウムホワイト〉を少しずつ混ぜ、マヨネーズ色にする。

recipe

1 クロワッサンの上部にカッターで切り込みを入れ、手で開いてしっかり広げる。
◎乾燥するとかたくて切りにくいので、焼き色をつけたらすぐに切り込みを入れる。

2 中にマヨネーズ色のボンドを塗る。

3 切ったレタスを中にはさむ。

4 ボンドを塗り、ハム、きゅうりの順に入れて貼りつける。1日ほどおいて乾燥させる。

PART 2
10
English Muffin
イングリッシュマフィン

🥐 材料
モデナ
ベーキングパウダー
トッピングの達人〈粉砂糖〉(p.17)
接着剤
トッピングパーツ・レタス (p.66)
トッピングパーツ・きゅうり (p.67)
トッピングパーツ・チーズ (p.45)
トッピングパーツ・トマト (p.67)
クリーミィホイップ〈ミルク〉(p.38)
トッピングの達人 (p.38)
〈つぶつぶいちごソース〉
〈つぶつぶブルーベリーソース〉
トッピングパーツ・ブルーベリー (p.37)
トッピングパーツ・いちご (p.36)
トッピングパーツ・ミント (p.37)
ニス〈つやあり〉

🥐 着色・焼き色
リキテックス アクリル絵具
〈イエローオキサイド〉
〈ローシェンナ〉

🥐 できあがりサイズ
直径約2cm

🥐 加熱時間
20秒

準備
p.13〜14の要領でモデナとベーキングパウダーを計量し(分量は下記)、アクリル絵具〈イエローオキサイド〉で着色をして混ぜ、丸玉を作る。

・**モデナ**
カラースケール (**H**)

・**ベーキングパウダー**
カラースケール (**B**)

recipe

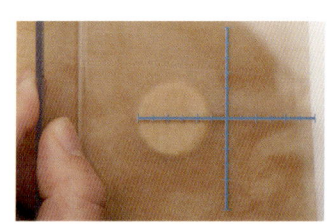

1 丸玉にプレス器(または定規)をあて、直径2.2cmの円形にのばす。
◎粘土がくっつかないようにオーブンシートをはさむ。

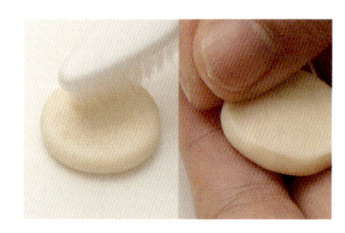

2 歯ブラシを押しあてて両面に質感をつけ、縁の部分を指でつまんで角を立たせる。

素朴でシンプルなイングリッシュマフィン。
カットして具材をのせれば、
カラフルなオープンサンドに。

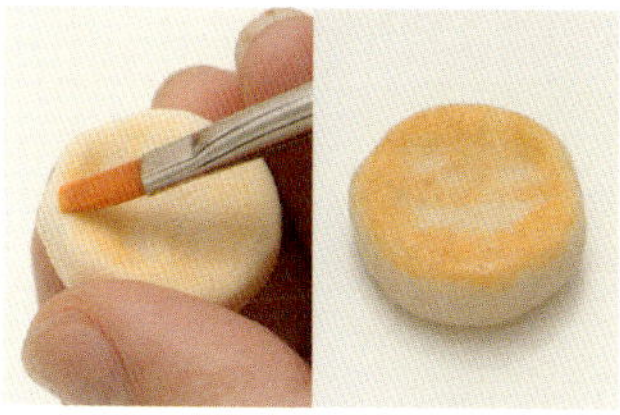

〈オープンサンド〉

3 電子レンジで20秒加熱し、アクリル絵具〈イエローオキサイド〉、〈ローシェンナ〉の順に重ね塗りをする。
◎外側から中心へ筆を動かす。

1 カッターで横半分に切る。

サラダ
接着剤を塗り、レタス、きゅうり、チーズ、トマトの順にのせて貼りつける。

4 トッピングの達人〈粉砂糖〉を楊枝でのせ、指でたたいて全体にまぶしつける。

2 縁を中心にアクリル絵具〈イエローオキサイド〉で焼き色をつける。

フルーツ 
クリーミィホイップを絞り、いちごとブルーベリーソースをかけ、フルーツとミントを飾る。乾燥したらニスを塗る。

column トッピングパーツの作り方

レタス

アルミホイルを利用した型でレタスの質感を表現します。

材料
モデナ
リキテックス アクリル絵具
〈パーマネントグリーンライト〉
〈トランスペアレントローシェンナ〉
〈パーマネントサップグリーン〉

レタスの型（下記）

準備
p.13～14の要領でモデナをカラースケール（H）で計量し、アクリル絵具〈パーマネントグリーンライト〉で着色をする。

作り方

1 着色したモデナをカラースケール（F）に詰めて1枚分を取り分け、型に貼りつけて薄くのばす。
◎型にオイルを塗っておくとはがしやすい。

2 型からそっとはずす。

3 手で縁をうねらせるようにして形をととのえ、乾燥させる。

4 アクリル絵具〈パーマネントグリーンライト〉〈トランスペアレントローシェンナ〉〈パーマネントサップグリーン〉の順に重ね塗りをし、着色をする。

レタス型の作り方

型があれば、同じパーツをたくさん作れるので便利です。

材料
シリコーンモールドメーカー
アルミホイル

シリコーンモールドメーカー
（パジコ）

柔らかくて粘土のように練ることができるシリコーン型取り材。30分ほどで完全に硬化する。

作り方

1 説明書の指示に従い、シリコーンモールドメーカーの2材の分量を量る。

2 2材を混ぜ合わせ、直径約3.5cmの円形になるように手でのばす。

3 アルミホイルをくしゃくしゃに丸めて広げ、2の表面にしっかりと押しあてて凹凸を作る。

4 レタス型の完成。

きゅうり

1本作ってから斜め薄切りに。
線を描くように着色するのがコツ。

材料
モデナ
リキテックス アクリル絵具
〈トランスペアレントローシェンナ〉
〈パーマネントサップグリーン〉

作り方

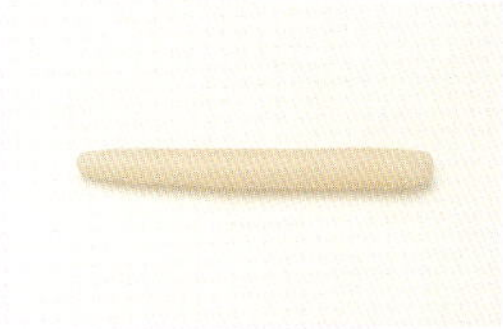

1. p.13〜14の要領でモデナをカラースケール（**G**）で計量し、アクリル絵具〈トランスペアレントローシェンナ〉で着色し、6cm長さにする。

2. 乾燥したら、アクリル絵具〈パーマネントサップグリーン〉で線を描くようにアバウトに色を塗る。

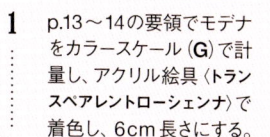

3. 着色し終わったら、乾燥させる。

4. カッターで斜め薄切りにし、スライスを作る。

トマト

みずみずしい種の部分までしっかり表現したトマトの輪切り。

材料
モデナ
リキテックス アクリル絵具
〈カドミウムレッドミディアム〉

デコソース (p.38)
〈キウイ〉〈クリア〉

トッピングパーツ・白ゴマ (p.27)

準備
p.13〜14の要領でモデナをカラースケール（**F**）で計量し、アクリル絵具〈カドミウムレッドミディアム〉で着色をする。

作り方

1. 着色したモデナをプレス器（または定規）で直径1.5cmの円形にのばす。

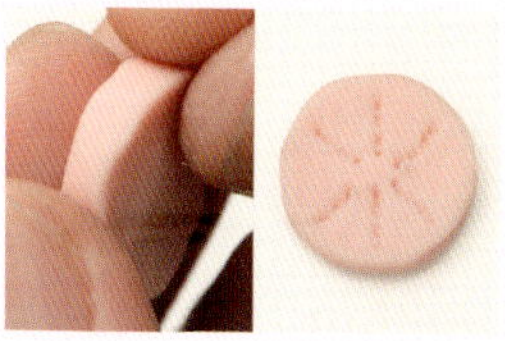

2. 縁を指でつまんで角を作り、楊枝で写真のような6本の線を描く。

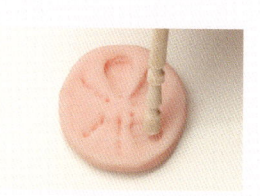

3. 2の線の上に楊枝の背を押しあててくぼみを作り、乾燥させる。

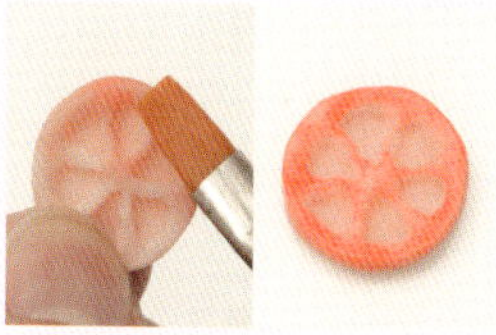

4. アクリル絵具〈カドミウムレッドミディアム〉で着色をする。
◎くぼみの中には塗らない。

5. デコソース〈キウイ〉をくぼみの中央に少量入れ、デコソース〈クリア〉を上から全体に入れる。

6. 細かく切った白ゴマをくぼみの中に入れ、乾燥させる。

67

pick up

パンをかわいく飾るミニチュア小物

パンをかごに入れたり、お皿に盛ったりと、
ミニチュア小物といっしょにかわいく飾りましょう。
インターネットショップや手芸店などで購入できます。

かご

小さなかごは、パンと相性抜群のアイテム。フランスパンや丸パンなどをどっさり入れてもかわいいです。

トレイ

メロンパンやクリームパンなどをトレイに並べて、パン屋さんのように陳列するのも楽しいです。

お皿

サンドイッチやフレンチトーストなどに。いろいろな種類があるのでお好みのものを探してみて。

カトラリー・トング

小さなカトラリーやトング。パンに添えるだけで、ぐっとかわいくなります。

※写真はすべて著者私物

PART 3

Accessories

アクセサリーにアレンジ

できあがったミニチュアパンをアクセサリーに加工してみましょう。
バッグチャーム、マグネットなど、手軽に作れるアイテムを紹介します。
アクセサリー金具のつけ方を覚えれば、
自分の好きなアイテムにアレンジすることもできます。

PART 3
1
Bag Charm
バッグチャーム

バッグチャーム金具をつけて、
レースやリボンでかわいく飾りつけました。
お気に入りのモチーフを組み合わせて作ってみてください。

PART 3

2
Magnet
～⚜～
マグネット

気軽に作れるマグネット。
モチーフの裏面に接着剤で貼りつけるだけだから簡単です。
冷蔵庫などにぺたぺたとたくさんつけてもかわいい。

PART 3

3
Strap & Earphone jack

ストラップ&イヤホンジャック

フォークの形をした金属チャームを利用して、
ストラップや、スマートフォンなどに差し込むイヤホンジャックに。
シンプルなモチーフを選ぶと使いやすいです。

PART 3

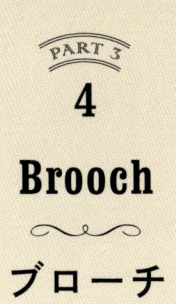

4
Brooch
ブローチ

シナモンロールやフルーツデニッシュを使って、
ロマンティックな雰囲気のブローチに仕上げました。
チェーンやメタルパーツなどを合わせると華やかになります。

アクセサリー作りの材料と道具

アクセサリーを作るときに使用する材料と道具を紹介します。
金具はさまざまな種類があるので、お好みのものを選びましょう。

バッグチャーム金具

バッグチャームを作るときに。本書ではチェーンタイプと革ヒモタイプを使用。

左：バッグチャーム用パーツ(1038)ゴールド 全長約95mm〈パーツクラブ〉
右：4ツ打レザーブレス 茶／G
〈貴和製作所〉

マグネット

マグネットを作るときに。パンモチーフに合わせてサイズを選んで。100円均一ショップなどで購入できる。本書では直径20mmのものを使用。

ブローチ金具

ブローチを作るときに。本書ではカンにパーツをつなげることができるカン付きタイプを使用。サイズやカンの個数などはいろいろな種類がある。

ストラップ金具・ボールチェーン・イヤホンジャックキャップ

ストラップやイヤホンジャックを作るときに。ボールチェーンはストラップ金具につなげばストラップにもなるが、そのままバッグチャームにしても。

左：ストラップ金具 No.6 ダークブラウン／G 全長約60mm
中：1.5mm ボールチェーン 片コネ付 ゴールド
右：イヤホンジャックキャップ 石付 SS29 クリスタル／G
〈以上すべて貴和製作所〉

金属チャーム

装飾に使用。さまざまなデザインがあるのでお好みのものを選んで。

上段左、中：メタルパーツ リボン（メッシュ・1646）ゴールド 約19×29mm、
　　　　　　リボン（メッシュ・1711）ゴールド 約12×23mm〈パーツクラブ〉
上段右：リボン〈著者私物〉
下段左：メタルパーツ T-154 ゴールド 約13×11mm〈貴和製作所〉
下段右：楕円チャーム〈著者私物〉

丸カン

金具やパーツをつなぐ役目をする。さまざまなサイズがある。

丸カン ゴールド 0.8×4.5mm、1.2×8mm〈貴和製作所〉

ヒートン

パンモチーフに差し込んで金具を取りつける。さまざまなサイズがある。

ヒートン ゴールド 20mm〈パジコ〉

Tピン

ビーズをつなげるときに。穴に通して先端を丸める。さまざまなサイズがある。

Tピン ゴールド 0.7×25mm〈貴和製作所〉

リボン留め（ヒモ留め）

リボンなどの端の処理に。リボンやヒモの太さに合わせて選ぶ。

ヒモ留め ゴールド 10mm〈貴和製作所〉

チェーン

パールつきなど種類はいろいろ。お好みの長さに切って使用する。

上：小判チェーン ゴールド
中：フィガロチェーン ゴールド
下：パールチェーン ホワイト／G 4mm〈以上貴和製作所〉

ビーズ

ビーズの大きさや色はお好みのものを選んで。本書では4〜8mm玉を使用。

レース・リボン

お好みのものを選んで。リボンはリボン留め（ヒモ留め）を端にはさむ。

透かしパーツ

さまざまな大きさや形がある。お皿のようにして上にパンモチーフを接着する。

透かしパーツ（1042）ゴールド 約39mm〈パーツクラブ〉

ニッパー

ピンやチェーンをカットするときに使用する。

丸ヤットコ

先端が丸いもの。Tピンや9ピンの先端を曲げるときに使用する。

平ヤットコ

金具類をはさんだり、つぶしたりするときに使用。丸カンの開閉に2本あると便利。

アクセサリーの作り方

アクセサリーに加工する方法は、大きく分けて2つあります。
本書で紹介するアクセサリーの作り方を参考にして、
自分の好きなアイテムを作ってみてください。

① 透かしパーツに接着剤で貼りつける

▶パンモチーフを接着剤で透かしパーツに貼りつけ、透かしパーツの穴に丸カンを通してアクセサリーに加工します。

1 クリアファイルを下敷きにし、透かしパーツに接着剤をたっぷり垂らす。

2 パンモチーフを貼りつける。

3 接着剤が乾いたら、ファイルからそっとはがす。

② モチーフにヒートンをつける

▶パンモチーフにヒートンを刺し、丸カンを通してアクセサリーに加工します。

ヒートンを平ヤットコで持ち、パンモチーフの上部にねじりながら刺す。

---

point

丸カンの使い方

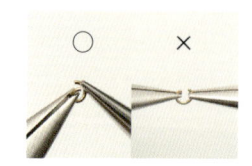

開閉するときは平ヤットコ2本で両側をはさみ、前後にずらすようにする。左右に開くと強度が下がるので注意。

Tピンの使い方

Tピンをビーズの穴に通して折り曲げる。

折り曲げたところから7〜8mmのところをニッパーで切る。

丸ヤットコではさみ、手首を回転させて丸める。

バッグチャーム (p.70)

recipe

パンモチーフを透かしパーツに接着剤で貼りつける。丸カンを透かしパーツ、金属チャーム、レースにそれぞれ通し、バッグチャーム金具に取りつける。

- バッグチャーム金具
- シュガーツイスト (p.20)
- 丸カン
- 透かしパーツ
- レース
- 金属チャーム
- メロンパン (p.18)
- ショコラマーブル (p.52)

recipe

パンモチーフにヒートンを刺す。ヒートンに丸カンを通し、チェーン、パールチェーンをそれぞれつなげる。ビーズにTピンをつけ、丸カンを通してチェーンに取りつける。丸カンを金属チャームの上下に通し、下には3つのチェーンをまとめてつけ、上にはバッグチャーム金具を取りつける。

- バッグチャーム金具
- 丸カン
- 金属チャーム
- パールチェーン
- チェーン
- Tピン
- 丸カン
- ビーズ
- ヒートン
- 丸パン (p.12)
- フランスパン (p.54)
- メロンパン (p.18)

マグネット (p.71)

recipe

お好みのパンモチーフの裏面に接着剤でマグネットを貼りつける。複数のモチーフを組み合わせるときはモチーフを透かしパーツに貼りつけてから、マグネットをつける。

- 透かしパーツ
- マグネット

77

ストラップ & イヤホンジャック (p.72)

recipe

パンモチーフにフォークの金属チャームを刺し、穴があいたら一度抜いて接着剤を塗り、再び刺し込む（写真）。丸カンを通し、ストラップ金具（ボールチェーン、イヤホンジャックキャップ）に、チェーンとともに取りつける。ビーズにTピンをつけ、丸カンを通してチェーンの先に取りつける。

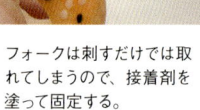

フォークは刺すだけでは取れてしまうので、接着剤を塗って固定する。

- ストラップ金具
- 丸カン
- チェーン
- 金属チャーム（フォーク）
- 丸カン
- ビーズ
- Tピン
- ベーグル (p.26)

＊いちごのベーグルはp.13～14の要領でモデナ（カラースケール **H**）とベーキングパウダー（カラースケール **A**）を計量し、アクリル絵具（**カドミウムレッドミディアム**）を混ぜ、薄いピンク色に着色したものを使用。

- ボールチェーン
- 丸カン
- チェーン
- 金属チャーム（フォーク）
- 丸カン
- ビーズ
- Tピン
- ベーグル (p.26)

- イヤホンジャックキャップ
- 丸カン
- チェーン
- 金属チャーム（フォーク）
- 丸カン
- ビーズ
- Tピン
- ベーグル (p.26)

ブローチ (p.73)

recipe

パンモチーフにヒートンを刺す。ヒートンに丸カンを通し、金属チャームをつける。レースにリボン留めをつける（写真）。丸カンで長さをアレンジしたチェーン、上部に丸カンをつけたリボン留めと金属チャームをそれぞれブローチ金具のカンにつなげる。ビーズにＴピンをつけ、丸カンを通してブローチ金具に取りつける。

レースの端にリボン留めをはさみ、平ヤットコでしっかり押さえて留める。

ブローチ金具／丸カン／丸カン／リボン留め（ヒモ留め）／ビーズ／レース／Ｔピン／金属チャーム／ヒートン／シナモンロール (p.22)／チェーン

recipe

パンモチーフにヒートンを刺す。ヒートンに丸カンを通し、金属チャームをつける。ブローチ金具に丸カンを通し、パールチェーン、金属チャームをそれぞれつなげる。ビーズにＴピンをつけ、丸カンを通してブローチ金具に取りつける。

金属チャーム／丸カン／ブローチ金具／丸カン／丸カン／丸カン／ヒートン／ビーズ／Ｔピン／パールチェーン／金属チャーム／フルーツデニッシュ (p.32)

関口真優 （せきぐち まゆ）

スイーツデコレーション作家。「持つよろこび」をコンセプトに上品で繊細な作品を得意とし、TBS「王様のブランチ」などテレビ、ラジオをはじめとする多くのメディアで活躍。2009年に東京都半蔵門にスイーツデコレーションスクール「Pastel sweets（パステルスイーツ）関口真優スイーツデコレーションスタジオ」を設立。数多くのインストラクターを輩出するとともに、海外からもその技術、指導が注目され、講師としてオファーを受ける。現在、台湾、シンガポールに講座を展開し、グローバルにスイーツデコレーションの楽しさを発信している。『はじめてのスイーツデコ雑貨』（マーブルトロン）、『UVレジンで作るかんたんアクセサリー』（マイナビ）など著書多数。
http://pastelsweets.com

Staff

デザイン	… 桑平里美
撮影	… masaco
スタイリング	… 鈴木亜希子
編集	… 矢澤純子

〈材料協力〉

パジコ
TEL 03-6804-5171
http://www.padico.co.jp

日清アソシエイツ
TEL 03-5641-8165
http://nisshin-nendo.hobby.life.co.jp

タミヤ
TEL 054-283-0003
http://www.tamiya.com/japan/index.htm

貴和製作所
TEL 03-3863-5111
http://www.kiwaseisakujo.jp

※掲載した商品の情報は2014年8月現在のものです。

〈撮影協力〉

前田雅美（p.68 かご制作）

樹脂粘土でつくる かわいいミニチュアパン

2014年8月30日　初版発行
2015年9月30日　2刷発行

著者　　関口真優
発行者　小野寺優
発行所　株式会社河出書房新社
　　　　〒151-0051　東京都渋谷区千駄ヶ谷2-32-2
　　　　tel: 03-3404-1201（営業）/ 03-3404-8611（編集）
　　　　http://www.kawade.co.jp/
印刷・製本　三松堂株式会社

Printed in Japan　ISBN978-4-309-28456-9

落丁本・乱丁本はお取り替えいたします。
本書のコピー、スキャン、デジタル化等の無断複製は著作権法上での例外を除き禁じられています。本書を代行業者等の第三者に依頼してスキャンやデジタル化することは、いかなる場合も著作権法違反となります。

本書の内容に関するお問い合わせは、お手紙かメール（jitsuyou@kawade.co.jp）にて承ります。
恐縮ですが、お電話でのお問い合わせはご遠慮くださいますようお願いいたします。